BALARUC-LES-BAINS

UTILITÉ

DE LA

CRÉATION D'UN SANATORIUM

PAR

LE DOCTEUR A. PLANCHE

Médecin inspecteur de la station. — Plusieurs fois Lauréat
de l'Académie nationale de Médecine. —
Chevalier de la Légion d'honneur et de l'Ordre Royal
d'Isabelle la Catholique.

MONTPELLIER
IMPRIMERIE LOUIS GROLLIER PÈRE, BOULEVARD DU PEYROU
1895

BALARUC-LES-BAINS

UTILITÉ

DE LA

CRÉATION D'UN SANATORIUM

BALARUC-LES-BAINS

UTILITÉ

DE LA

CRÉATION D'UN SANATORIUM

PAR

LE DOCTEUR A. PLANCHE

Médecin inspecteur de la station. — Plusieurs fois Lauréat
de l'Académie nationale de Médecine. —
Chevalier de la Légion d'honneur et de l'Ordre Royal
d'Isabelle la Catholique.

MONTPELLIER

IMPRIMERIE LOUIS GROLLIER PÈRE, BOULEVARD DU PEYROU

1895

BALARUC-LES-BAINS

UTILITÉ

DE LA

CRÉATION D'UN SANATORIUM

I

La décision du Conseil Général sur le choix de l'emplacement du futur Sanatorium départemental devant être prise dans un avenir peu éloigné, je crois de mon devoir d'attirer de nouveau l'attention des membres de cette assemblée sur la proposition que j'ai déjà eu l'honneur de lui faire au sujet de Balaruc-les-Bains. Pour plus de détails, je renverrai le lecteur à ma brochure parue en 1892 « Balaruc-les-Bains : De l'utilité de la création d'un Sanatorium », qui a été deux fois distribuée à chacun des membres du Conseil Général de l'Hérault.

Cette station remplit, en effet, toutes les conditions exigées pour la construction d'un établissement de ce genre, soit comme station thermale, dont la réputation n'est plus à faire dans le traitement de la scrofule, soit comme station marine par sa situation incomparable dans une presqu'île entourée de trois côtés par l'étang de Thau, véritable mer intérieure en constante communication avec la Méditerranée. Il ne faut pas oublier que tous les scrofuleux ne peuvent pas supporter les bains froids de la mer, qu'un grand nombre se guérissent au contraire par les eaux thermales chlorurées sodiques.

La statistique que j'ai déjà publiée porte que, sur 3059 cas de scrofule que j'avais traités depuis le commencement de mon inspectorat à Balaruc, 1er mai 1876 jusqu'en 1889, époque où elle parut, les résultats ont été des plus satisfaisants et se résument en 1803 guérisons, en 1152 améliorations et en 104 cas sans résultats bien apparents. Ce qui nous donne 60 p. 0/0 de guérisons, 35 p. 0/0 d'améliorations et moins de 5 p. 0/0 de non résultats.

N'oublions pas que ces heureux résultats ont été obtenus après un séjour plus ou moins limité, de quinze jours par saison, quelquefois répétée dans la même année pour les malades hospitalisés; 25 à 30 jours au plus pour ceux qui étaient logés dans l'hôtel de l'établissement ou dans les différents hôtels du village.

. Que serait-il advenu si ces malades avaient pu séjourner plusieurs mois et même plusieurs années à Balaruc, soumis aux influences spéciales de son climat marin ?

Dans la brochure dont il est question plus haut, j'ai décrit la topographie, la climatologie de Balaruc-les-

Bains, et j'ai montré sa richesse en eau thermale. Ma conclusion a été que, comme toutes les villes du littoral, elle présente les mêmes avantages qu'elles aux points de vue de l'air marin et des bains de mer, et de plus qu'aucune d'elles, elle offre aux thérapeutistes l'usage des eaux chlorurées sodiques chaudes ou tièdes, pures ou additionnées des eaux mères des salins de Villeroy, et l'usage non moins puissant des boues minérales.

II

Au nombre des villes du littoral qui aspirent à l'honneur de voir créer dans leur périmètre le Sanatorium départemental, la ville de Cette cherche à attirer sur elle l'attention de la Commission du Conseil général dans une brochure sans nom d'auteur (1894), et qui paraît préjuger la question par le titre qu'elle porte : « Un Sanatorium en création à Cette ». On y vante la situation du Lazaret, comme étant on ne peut plus propre à la création de cet établissement. Le Conseil municipal, sous la présidence de son maire M. le Dʳ Scheidt, rapporteur de la Commission nommée par le Conseil Général, pour choisir un emplacement présentant toutes les conditions hygiéniques indispensables à cette création, a voté dans sa séance du vendredi 5 octobre 1894 une somme de 193,710 fr. pour la conversion du Lazaret en Sanatorium. Dans la même séance, le même Conseil municipal a voté également une somme de 199.442 fr. pour le transfert au Lazaret de la buanderie, qui nuit à la salubrité de l'hôpital Saint-Charles!!! Ces deux votes dans la même séance prouvent bien que l'on n'est pas complètement édifié, au sein du Conseil municipal de Cette, sur ce qu'est un Sanatorium et surtout sur les conditions hygiéniques que doit présenter un pareil établissement. Il paraîtrait d'après cela que le Sanatorium serait considéré purement et simplement comme un vaste établissement, dans lequel seraient logées les personnes pauvres qui auraient besoin des bains de mer. Ce serait, en un mot, un vaste établissement de bains de mer pour les pauvres, ouvert seulement pendant la saison chaude de l'année. Un traitement pareil, si court, avec des moyens si limités, serait-il suffisant pour guérir les manifestations de la diathèse scrofuleuse? Telle n'est pas et ne peut pas être, à mon avis, l'idée du Conseil Général de l'Hérault.

Le traitement des innombrables manifestations de la scrofule réclame des moyens hygiéniques, pharmaceutiques et même chirurgicaux ; il a donc besoin de vastes salles aérées, destinées à chacune des catégories de malades ; les unes réservées à ceux qui n'ont besoin que des soins médicaux, les autres à ceux chez lesquels une intervention chirurgicale est nécessaire.

Dans tous les cas, les malades présentant une manifestation quelconque de cette diathèse ont besoin de vastes jardins, aérés, ensoleillés, dans lesquels ils doivent passer la plus grande partie de la journée exposés à l'air marin et au beau soleil du Midi, et cela pendant la plus grande partie de l'année. Un Sanatorium n'est plus un vaste bâtiment destiné aux scrofuleux qui ont besoin des bains de mer d'une manière spéciale, car tous ne peuvent pas supporter également les bains froids, témoins les enfants scrofuleux que la ville de Cette envoie tous les ans à l'hôpital de Baluruc-les-Bains pour y suivre un traitement par l'eau chlorurée sodique chaude de cette station. C'est un vaste hôpital construit dans un endroit présentant, autant que possible, réunies toutes les conditions d'hygiène la plus absolue, dans lequel on traitera d'une manière spéciale les malades atteints d'une affection diathésique, telle que la Scrofulose ou la Tuberculose. Les bains de mer ne constitueront pas exclusivement tout le traitement, ils seront très utiles dans certains cas, nuisibles dans d'autres et avantageusement remplacés par les bains et les douches administrés avec l'eau thermale de la source ancienne, ou peut-être avec celle de la source plus moderne et moins chaude dont la température peut servir d'intermédiaire entre les deux, tout en ayant la même composition chimique (Béchamp).

L'Aérothérapie marine sera à Balaruc tout aussi efficace que sur les bords mêmes de la mer, dont la station n'est séparée que par l'étang de Thau et la ligne du chemin de fer Paris-Lyon, sans compter qu'à Balaruc, tout aussi bien qu'au Lazaret, les opérations chirurgicales, si elles sont nécessaires, seront suivies de cicatrisation tout aussi rapide. Le séjour des malades dans le Sanatorium sera plus ou moins long selon le cas ; il devra être ouvert pendant toute l'année ; il sera muni d'un personnel nombreux et demandera une installation convenable en rapport avec les exigences des différentes saisons. Au Sanatorium de Berck le Dr Cazin réclame un séjour de 290 à 656 jours pour le traitement d'une ostéite non suppurée, et pour les tumeurs blanches suppurées la moyenne de séjour est de 455 jours, mais souvent cette durée comporte 3, 4, 5 et même 10 ans !

Toutes ces conditions réunies font qu'il est bien difficile de voir construire ces établissements spéciaux dans le sein ou dans les environs des grandes villes, ils doivent toujours, au contraire, autant que possible, être créés loin des grandes agglomérations. Quand l'Assistance publique de Paris a voulu créer un de ces établissements dans lequel elle devait envoyer les enfants scrofuleux de la Capitale, sur les bords de la mer, elle n'a pas choisi le voisinage d'un grand centre où elle aurait pu plus facilement s'approvisionner, elle a choisi dans le Pas-de-Calais une plage éloignée, elle a créé le Sanatorium de Berck-sur-Mer.

Si, pour la création d'un Sanatorium, on doit fuir la grande ville, les grandes agglomérations, à plus forte raison doit-on les construire aussi loin que possible des ports de mer. Ces villes, par leur commerce, ne sont-elles pas plus exposées que toutes les autres aux influences épidémiques ? Les nombreux navires qui y arrivent des cinq parties du monde ne sont-ils pas souvent cause de contagion, et n'est-ce pas dans les ports de mer que les épidémies cholériques, par exemple, ónt été le plus souvent reconnues ? Si la commission nommée par le Conseil général de l'Hérault se fût réunie en 1893 pour choisir l'emplacement sur lequel le Sanatorium départemental devait être construit, je ne crois pas m'exposer à être contredit en prétendant que, bien certainement, elle n'eût pas désigné la ville de Cette contaminée, alors, par une épidémie cholérique qui avait fermé son port au commerce des autres nations.

Du reste le Lazaret n'a-t-il pas été, d'après l'avis de l'auteur de la brochure, « un Sanatorium en création à Cet'e » (page 8), transformé en ambulance en cas de propagation d'épidémie cholérique qui avait éclaté en 1884 à Marseille et à Toulon ? Je cite textuellement :
» *La municipalité de Cette et la Commission adminis-*
» *trative de l'hôpital, craignant à juste litre l'impor-*
» *tation du fléau par les nombreuses relations que*
» *Cette entretient avec ces deux autres ports, par*
» *terre et par mer, songèrent à se procurer un local*
» *convenable répondant à tous les desiderata de*
» *l'hygiène et de la santé publique, qui puisse se*
» *transformer en ambulance. On pensa alors à*
» *l'établissement militaire du Lazaret.* »

III

Aujourd'hui le choix de la commission du Conseil général paraît être limité entre la ville de Cette et Balaruc-les-Bains pour la création d'un Sanatorium départemental. La ville de Cette propose le Lazaret. Si la route partant du Môle et se rendant à cet établissement est vraiment magnifique, par sa vue sur la mer, et rappelle la route de la Corniche que l'on admire entre Toulon et Gènes, et dont elle a pris du reste le nom ; le Lazaret, qui paraît en être le but, est loin d'offrir les mêmes agréments. Il est constitué par la réunion de plusieurs hangards, longs, bas. délabrés, et qui ne demandent qu'à être démolis, ils sont bâtis parallèlement l'un à l'autre et séparés les uns des autres par de petites cours étroites. sur un plateau dont le sol est un rocher tout nu. Il y a impossibilité absolue d'y planter des arbres avec quelque chance de réussite ; je n'en prends à témoin que les quelques acacias rabougris qui végètent péniblement dans ces petites cours où ils paraissent y avoir été plantés depuis un temps très long. Les baraquettes qui entourent le Lazaret sont absolument dépourvues d'ombrage, le sol est couvert de pierres ou de rochers nus et abruptes, et les habitants, pour se mettre à l'abri de la rage du soleil, se construisent des murs en pierres sèches. La montagne de Cette elle-même, si coquette en général, est aride, nue, abrupte de ce côté. Ce qu'il y a de plus majestueux dans le paysage après la vue de la mer, c'est la butte ronde, fort qui domine le plateau sur lequel est construit le Lazaret, et qui est sur le point d'être armé en vue de la défense des côtes. Le voisinage de ce fort rend la création d'un Sanatorium, en cet endroit, impossible, car en temps de guerre, il servirait de but à l'ennemi, il serait pris pour quelque bâtiment militaire, et c'est probablement pour cela que, lorsque la ville de Cette a voulu construire ses magnifiques casernes, elle a préféré, en se conformant à l'avis de M. le Ministre de la guerre, pour les mettre à l'abri d'un bombardement possible, les installer de l'autre côté de la montagne, sur les bords riants de l'étang de Thau, en face de la presqu'île de Balaruc. Je me demande ensuite, vu la sécheresse qui règne dans cet endroit, si l'accès de l'eau potable est facile, et l'on ne peut ignorer combien est considérable la consommation d'eau dans un hôpital !

A ces divers inconvénients vient s'en ajouter un autre qui a bien son importance, quand il s'agit d'enfants ou d'adultes plus ou moins estropiés. Il n'y a pas de plage, à proprement parler, au Lazaret pour les bains de mer, à moins que l'on ne décore de ce nom la petite crique sablonneuse, au milieu de tant d'autres qui ne sont que rocailleuses, qu'on appelle plage d'Agde et dont les dimensions déjà si exiguës varient selon les vents. Pour y arriver l'accès en est très difficile, elle est en contre-bas de plusieurs mètres du niveau de la plate-forme sur laquelle est le Lazaret. On ne pourrait y arriver qu'au moyen d'un plan incliné

qu'il faudrait construire et qui diminuerait considérablement cette petite plage.

Enfin, n'oublions pas que la Municipalité, pour
assâinir l'hôpital St-Charles, a décidé d'y transporter
la buanderie de cet établissement. Singulier moyen
d'assainir le Sanatorium !

Le Lazaret, à mon avis, ne présente aucune des
conditions hygiéniques nécessaires pour la construction d'un Sanatorium dans l'acception du mot. Le coup
d'œil sur la mer est vraiment féérique, mais ne saurait
suffire au traitement de la Scrofule.

Les malades y seraient grillés toute la journée sur
ce rocher abrupte. Si son éloignement du centre de
la ville est suffisant pour le faire considérer comme
construit sur une plage loin d'une ville, loin d'une
agglomération, centre fréquent de contagion, n'oublions pas qu'il est bien difficile d'y apporter tout ce
qu'il faut au point de vue du confort et même de
l'hygiène, surtout si l'on pense que les navires en
quarantaine viennent habituellement mouiller non
loin de là. Que nous sommes loin de ce Lazaret construit dans des proportions grandioses et dans un site
incomparable ! (Voir brochure distribuée au Conseil
Général dans sa session du mois d'août 1894, sans
nom d'auteur.)

Du reste, pour s'en convaincre, je prie instamment
les personnes que ces questions d'hygiène intéressent,
d'aller visiter le Lazaret, *intus* et *extrà*, d'en faire le
tour ; mais je les engage aussi à se munir d'un parasol
et de solides chaussures.

Le Lazaret ne saurait donc être transformé en Sanatorium, en Établissement hospitalier ouvert toute l'année, spécialement réservé au traitement de la Scrofule et de la Tuberculose. Il a été établi en vue de la contagion morbide que les navires arrivant du levant sont susceptibles de transmettre à la ville de Cette et de là dans tout le midi de la France. C'est, comme son nom l'indique, un lieu d'isolement et de désinfection des hommes et des choses provenant d'un pays où règne une maladie contagieuse. Il remplit, du reste, toutes les conditions voulues : 1° par son emplacement loin du centre de la ville; 2° par sa construction sur un terrain dur, résistant, imperméable, de nature rocheuse, autant de conditions avantageuses ; aussi peut-il donner asile impunément aux équipages contaminés par des maladies infectieuses contractées dans les pays lointains. Qu'on y transporte la buanderie de l'hôpital St-Charles en vue d'assainir cet établissement, on le peut si la quantité d'eau potable y est suffisante, mais qu'on ait la prétention d'y faire vivre des scrofuleux et des tuberculeux, sous le fallacieux prétexte d'y respirer l'air marin et d'y prendre des bains de mer pendant la saison chaude, je crois qu'ils s'y trouveraient très mal d'un séjour de toute l'année sur ce rocher tout nu et grillé par le soleil. Du reste, un Lazaret est indispensable à tout port de mer, aussi y en a-t-il un dans tous ceux de l'Océan et de la Méditerranée en cas d'épidémie. Ils ont du reste rendu de signalés services (1); n'on-

(1) Proust. Dict. en 40 vol. Tome 32, p. 456.

blions pas que depuis 1720, la peste, importée 9 fois dans le Lazaret de Marseille, s'y est éteinte presque à l'insu des habitants.

Le Lazaret aurait encore une nouvelle destination. Nous lisons dans le *Petit Méridional* du samedi 23 février 1895, au sujet de la demande d'une augmentation de garnison à Cette par l'envoi de quelques escadrons d'artillerie de forteresse dans cette ville: On ne pourrait pas nous opposer cette allégation dite et redite tant de fois : Mais où loger ces soldats? M. Scheidt fournit lui-même la réponse. Dernièrement dans une conférence, M. le Maire disait que les soldats blessés à Madagascar seraient installés au Lazaret. Le Correspondant du Journal ajoute avec raison : Cet Établissement s'il peut donner l'hospitalité à des valétudinaires pourra donc recevoir des soldats en bonne santé.

Voilà donc un Établissement qui est décidément propre à bien des affectations diverses : hôpital de valétudinaires, caserne, buanderie de l'hôpital Saint-Charles, Sanatorium, établissement de bains de mer, sans oublier pour cela son rôle de Lazaret, pour lequel il a été créé en vue des épidémies colportées par les navires contaminés !!!

IV

Le Sanatorium doit être construit sur le littoral pour que les malades puissent constamment être soumis à l'action de l'air marin. Dans ma brochure dont il a été déjà question, j'ai considéré Balaruc comme station thermale chlorurée sodique forte et comme station marine. J'ai prouvé que cet air salé et que les bains de mer rendaient de très grands services dans certains cas de Scrofule; mais il est incontestable que si le plus grand nombre en retire un grand bénéfice, tous les scrofuleux ne peuvent pas supporter les bains de mer à cause de leur température froide et du défaut de réaction, qui est la caractéristique de cette affection morbide, défaut plus évident chez certains malades. La ville de Cette, sur les indications de ses honorables Praticiens, ne manque pas tous les ans, pendant les mois de mai ou de septembre, d'envoyer certains scrofuleux à Balaruc pour y suivre un traitement par ses eaux chaudes après un essai plus ou moins infructueux des bains de mer; preuve bien évidente que mes Confrères de Cette partagent ma manière de voir. Ce ne sont pas des Rhumatisants ou des Paralytiques que l'Assistance publique de Cette nous envoie simplement, mais bien des Scrofuleux dont les diverses manifestations ou complications se sont mal trouvées de l'usage de l'eau de mer, et c'est bien pour y suivre un traitement par l'eau chlorurée sodique thermale et non seulement de l'étang, comme la brochure « un Sanatorium en création à Cette » (page 25) a l'air de vouloir faire entendre en cherchant, du reste, à prouver que les bains de l'étang de Thau ne valent pas les bains de mer.

L'étang de Thau, par sa vaste étendue, par sa constante communication avec la Méditerranée peut, à juste titre, être considéré comme une véritable mer intérieure ; ses flots sont assez souvent ballottés par les vents, il a ses vagues et même ses tempêtes. Les heureux résultats obtenus par les nombreux enfants de l'assistance publique de Montpellier et même de Cette sont assez évidents pour qu'on ne vienne pas, par une discussion plus ou moins subtile, contester les bons effets de ce moyen thérapeutique. Tous les riverains, dans les différentes contrées baignées par la mer, trouvent à leur plage des qualités plus ou moins supérieures à celles de leurs voisins. Il est hors de doute que d'une manière générale on peut reconnaître au bain de l'Océan des qualités différentes, peut-être plus toniques qu'à ceux de la Méditerranée grâce à l'agitation et à la température plus basse de l'eau.

Mais il ne faut pas ajouter une grande importance à toutes ces différences plus ou moins vraies, plus ou moins intéressées que donnent à leur station les riverains de la mer à des plages distantes les unes des autres de quelques kilomètres, sous le prétexte qu'elles sont plus ou moins abritées de tel ou tel vent. Je ne crois pas bien certainement qu'il y ait une grande différence entre les bains de mer pris au Lazaret de Cette et ceux pris dans les eaux de l'étang de Thau, qui seraient peut-être plus salées que l'eau de la mer, grâce à la moindre profondeur de l'étang et à la plus grande évaporation. Qu'on ne vienne pas parler de terrains marécageux ni de fièvre paludéenne, comme on a l'air de l'insinuer, car depuis 19 ans que j'ai l'honneur de diriger le service médical à Balaruc comme médecin-inspecteur de la station, je déclare n'avoir encore jamais été appelé, ni par les habitants du pays, ni par les étrangers formant ma clientèle, pour traiter un cas de fièvre intermittente. Une chose à remarquer, c'est que le nombre des étrangers est plus considérable au printemps et à l'automne, époques les plus favorables à l'éclosion de cet état morbide. Le climat de Balaruc est très sain, si j'en juge par le nombre relativement considérable d'octogénaires que j'ai déjà connus dans la localité, dont le nombre d'habitants est de 7 à 800.

Les bains de mer, du reste, pris à Balaruc rappelleront singulièrement ceux pris à Arcachon dans une anse de l'Océan. Il faudra pour cela draguer, sur une longueur de 30 à 40 mètres sur 15 à 20 de largeur, les bords de l'étang à une profondeur déterminée. Cette surface devra être entourée de grillage, et le tout surmonté d'immenses tentes pour se mettre à l'abri du soleil, si cela paraît nécessaire.

On pourrait alors adjoindre à cet établissement balnéaire, creusé dans l'étang lui-même, un autre établissement dont l'importance ne saurait échapper à tout esprit impartial, et qui ne se trouve sur aucune plage, un établissement d'hydrothérapie marine. Il serait facile, vu le peu de distance qui séparerait le Sanatorium de l'étang, d'élever au moyen d'une pompe aspirante et foulante dans des bassins l'eau froide salée, qui serait alors administrée en douches de différente nature. On aurait alors un véritable établissement d'hydrothérapie marine aussi complet que possible.

En récapitulant la richesse en eau minérale de ce nouvel établissement, on aurait à sa disposition : 1° les eaux froides de l'étang de Thau en bains ou en douches ; 2° l'eau froide qui de nos jours n'est pas exploitée, qui a une température de 20° centigrades environ, très abondante, et présentant, d'après l'analyse de M. Béchamp, la même composition chimique que celle de la source thermale ; 3° la source thermale, 47° centigrades, pure ou additionnée des eaux mères des salins de Villeroy ; 4° les boues minérales, qui rendent de si grands services dans les cas de scrofule. On aurait ainsi une gamme de moyens balnéothérapiques que nulle station ne peut offrir, et le tout sur le bord de la mer, sur une presqu'île entourée d'eau salée de trois côtés, dans un hôpital construit d'après les exigences modernes sur un petit mamelon exposé aux vents de la mer, sur un terrain qui permet d'y planter des arbres, avec de grandes chances de succès.

Les malades ne seraient pas ainsi obligés de rester enfermés dans de vastes salles, comme dans les hôpitaux du Nord, pour fuir les froids et les brouillards ; ils pourraient rester toute la journée au soleil du Midi pendant l'hiver, et seraient ainsi protégés des rayons solaires pendant les chaleurs de l'été. Ces heureux résulats seraient obtenus loin des grandes villes, des agglomérations, dans un endroit cependant rapproché des centres d'approvisionnement, non loin d'un centre médical célèbre.

L'eau potable conduite depuis quelques années dans le village de Balaruc est assez abondante pour suffire à tous les besoins de ce nouvel hôpital. La Municipalité du reste est toute disposée à créer un bassin d'approvisionnement pour le Sanatorium si sa création est décidée à Balaruc-les-Bains.

V

Si Balaruc-les-Bains était choisi par la commission départementale comme lieu où devrait être construit le Sanatorium, je dirais que ce nouvel hôpital serait construit sur un petit mamelon dont le sol est très fertile, ayant au devant de lui un immense terrain qu'il sera très facile et peu coûteux de transformer en magnifique promenade par la plantation de pins maritimes et de tamarins, en vue de l'étang de Thau, en face la coquette montagne de Cette. Pour aller aux bains de mer, il suffirait de traverser cette magnifique promenade en droite ligne, l'hôpital n'en serait séparé que par une distance de 150 à 200 mètres tout au plus.

Le coup d'œil dont on jouirait de l'intérieur du Sanatorium serait splendide, n'étant borné par aucune construction ; il serait isolé du village, dont il serait cependant assez rapproché pour les commodités des approvisionnements et pour l'envoi facile de l'eau potable.

La Municipalité, si le Conseil général veut bien allouer une subvention annuelle suffisante, consentirait également à faire les frais de l'installation du Sanatorium et à entrer en pourparlers avec lui à ce sujet, mais il faudrait pour cela qu'elle fût tenue au courant des desiderata de la commission nommée à l'effet de choisir l'emplacement où il doit être construit.

La création d'un Sanatorium à Balaruc-les-Bains aurait également une heureuse importance à une autre point de vue. Elle économiserait une dépense considérable au département dans un avenir peut-être très rapproché.

Depuis un temps immémorial, il y a à Balaruc-les-Bains un hôpital qui appartient aux hospices de Montpellier, cet hôpital est dans un état de délabrement tel qu'il demande de très grandes réparations, si non une démolition complète, et son remplacement par un autre plus sain et plus grand, le nombre des malades allant tous les ans en augmentant. La partie balnéaire est complètement insuffisante, pour remédier à tous ces

défauts, les fonds manquent d'une manière absolue, et à tous mes appels, l'administration me répond
toujours par un *non possumus* inexorable.

Force sera bientôt de demander des subsides au
département, car on ne voudra pas voir l'assistance
publique se priver d'un moyen thérapeutique si éner-
gique et qui rend de si grands services depuis tant de
siècles. N'oublions pas, en effet, qu'en 1345 il existait et
que les consuls à cette époque se réunirent pour nom-
mer un médecin directeur. Le département sera donc
obligé, dans un avenir plus ou moins rapproché, de
venir au secours de l'Administration des hôpitaux de
Montpellier. Pourquoi ne profiterait-on pas de la cir-
constance pour remplacer l'hôpital actuel insuffisant
et peut-être insalubre par le nouveau Sanatorium,
dans lequel les Scrofuleux seraient soignés pendant
toute l'année, en réservant deux grandes salles pour
y recevoir pendant les mois de mai et d'août les malades atteints de Rhumatismes et de Paralysie. Il est
vrai qu'il faudrait qu'un nouveau traité intervînt entre
les Administrateurs des hôpitaux de Montpellier et les
propriétaires de la source ancienne si l'on venait à
augmenter les charges de ces derniers. Ces Messieurs
seraient heureux de s'aboucher avec la commission
du Conseil général à cet effet, et je suis convaincu,
d'après tout ce que je leur ai entendu dire, qu'ils se
montreraient très larges dans la quantité d'eau con-
sacrée à cet usage.

Comme on le voit, tout milite en faveur de la station
de Balaruc-les-Bains comme lieu où doit être construit

le Sanatorium départemental, tant au point de vue de
son éloignement des grandes villes, des grandes
agglomérations, tout en étant assez rapproché des
centres d'approvisionnement et surtout d'un centre
médical, le plus important du Midi, qu'au point de vue
de la salubrité, de la beauté de son climat méridional
sur les bords de la mer, de sa richesse en eau minérale, chaude, tiède et froide, dont la spécialisation
contre la Scrofule est reconnue par tout le corps médical.

Dans son traité des eaux minérales qui est le Vade-
Mecum de tous les hydrologues, après avoir recherché
les causes pour lesquelles on continuait jusqu'à ces
dernières années, en France, à traiter les Scrofules
par les bains de mer ou par les eaux sulfurées, M. Du-
rand-Fardel se demande aussi pourquoi les eaux
allemandes ont été jusqu'à nos jours considérées
comme le spécifique de ces maladies. Après avoir
fait la part de toutes les eaux françaises et étrangères,
au point de vue du traitement de toutes les manifestations de la Scrofule, suivant leurs complications ou
leurs indications spéciales, cet éminent hydrologue
termine par le passage suivant. Je ne puis résister au
plaisir de le citer en son entier : « Le voisinage des
» marais salants semble désigner Balaruc pour deve-
» nir une station spéciale aux scrofuleux. L'air marin
» qu'on y respire, le climat méridional, viennent
» ajouter à cela des circonstances éminemment favo-
» rables. Il semble qu'une des conditions les plus essen-
» tielles du traitement des scrofuleux devrait être le

» changement aussi radical que possible de milieu et
» de climat. Remarquez que les stations thermales le
» plus spécialement dévolues aujourd'hui au traitement
» des Scrofules se trouvent précisément situées dans
» les contrées où les Scrofules abondent. N'est-il pas
» vraisemblable que, si des conditions thérapeutiques
» identiques se rencontraient dans une région peu
» favorable elle-même au développement des Scro-
» fules, comme le Midi, leur valeur curative en serait
» considérablement accrue. »

Dans l'avant propos, dont il a bien voulu honorer la deuxième édition de mon travail sur le Lymphatisme et la Scrofule à Balaruc, cet éminent hydrologue, en récapitulant les grands services que rend à l'assistance publique de Paris le Sanatorium de Berck-sur-Mer, nous dit : « Sans doute cet établissement a
» rendu de grands services ; les résultats publiés ne
» permettent pas d'en douter, j'ai pu le reconnaître
» par moi-même, bien que l'on ne nous ait pas suffi-
» samment édifié, à ma connaissance au moins, au
» sujet de la vie ultérieure des enfants renvoyés de
» Berck dans des conditions, en apparence, les plus
» satisfaisantes. Mais il est impossible de ne pas croire
» que ces résultats, surtout au point de vue définitif,
» eussent été bien autres si, au lieu d'une plage du
» Nord, on eût cherché un emplacement soit sur nos
» côtes de l'Ouest, soit *au Midi*. Il s'est fait récem-
» ment un mouvement dans ce dernier sens, mais on
» ne peut s'empêcher, en y applaudissant, de regretter
» profondément que l'on n'ait plus en mains les res-

» sources dont on disposait lors de l'installation de
» Berck. Il faut ajouter que nulle part on ne retrouvera
» ce qu'offre Balaruc, c'est-à-dire la combinaison
» d'une station thermale absolument appropriée avec
» cet air marin tant recherché par les médecins et
» les hygiénistes ».

www.ingramcontent.com/pod-product-compliance
Lightning Source LLC
LaVergne TN
LVHW050321030726
842520LV00005B/1700